Romy Fischer

Häkelvirus 2

Romy Fischer

Häkelvirus 2

Mehr Informationen, YouTube-Kanal, Crazypatterns etc. auf:
www.romyfischer.de
www.facebook.com/romyfischerarts
www.twitter.com/RomyFischerArts
www.youtube.com/user/romyfischer/featured
www.crazypatterns.net/de/store/RomyFischer

Bibliographische Information Der Deutschen Bibliothek
Die Deutsche Bibliothek verzeichnet diese Publikation in der Deutschen
Nationalbibliographie; detaillierte bibliographische Daten sind im Internet über
http://dnb.ddb.de abrufbar

Bibliographic information published by Die Deutsche Bibliothek. Die Deutsche Bibliothek
lists this publication in the Deutsche Nationalbibliographie; detailed bibliographic data are
available in the Internet at
http://dnb.ddb.de

Romy Fischer
Häkelvirus 2
ISBN 978-3743109612
Alle Rechte bei der Autorin.
Copyright Fotos Cover & im Innenteil © Romy Fischer
Februar 2017

Herstellung und Verlag: BoD - Books on Demand, Norderstedt
Dieses Buch wurde im On-Demand-Verfahren hergestellt.

Inhalt:

Abkürzungen & Bezugsquellen – Seite 6

Der freche Affen Teelichtkranz – Seite 8

Das schwarze Schaf – Seite 15

Klorollenbezug Hase – Seite 22

Dreieckstuch „Half Granny" – Seite 25

Etui(s) – Seite 27

Herzkranz Eulen – Seite 32

Der scharfe Teddy (mit Chili) – Seite 36

Kissen „Smiley" – Seite 42

Seelenwärmer „Meeresbrise" – Seite 45

Türkranz Hund mit Herz – Seite 49

Weitere Bücher – Seite 55

Über mich – Seite 56

Abkürzungen & Bezugsquellen

In diesem Anleitungsbuch habe ich ganz bewusst auf Grafiken und Erklärungen für Häkelanfänger verzichtet. Ich selbst bin damals als Anfängerin oft daran verzweifelt, da nicht alles immer so genau verständlich war. Deshalb habe ich einige Videos für Anfänger auf YouTube hochgeladen, die du dir jederzeit und immer wieder kostenlos anschauen kannst. Du findest meine Anleitungsvideos für Anfänger auf einen Blick auf meiner Webseite http://www.romyfischer.de
Auf meinem YouTube-Kanal werde ich mit der Zeit auch mehr und mehr andere Videos zu diesem Thema hochladen, um diverse andere Fragen (auch für Fortgeschrittene) zu beantworten und Hilfestellung zu geben.
Weitere Amigurumi-Anleitungen werde ich auch einzeln zukünftig in meinem (Crazypatterns)Shop verkaufen, den du auch über meine Webseite erreichen kannst.

Folgende Abkürzungen findest du in diesem Buch mit folgenden Bedeutungen:

M = Masche
R = Reihe
Rd = Runde (die Modelle in diesem Buch werden in Spiralrunden gehäkelt)
LM = Luftmasche
W-LM = Wendeluftmasche
fM = feste Masche
DM = doppelte Masche (2 Maschen in 1 Masche häkeln)
hStb = halbes Stäbchen
Stb = Stäbchen
DStb = doppeltes Stäbchen
KM = Kettmasche
2M zus.abgem. = 2 Maschen zusammen abgemascht
M-Glied = Maschenglied
Wdh = wiederholen
Überspr = überspringen

Die Sicherheitsaugen und Nasen, die ich für meine Amigurumi-Modelle verwendet habe, findest du im Online-Shop auf http://www.bastelmaus-shop.de

Manchmal sind einige Verschlusskappen zu eng geformt, so dass ich ein Bastelskalpell verwendet habe, um die Öffnung durch Kratzen und Schaben zu vergrößern. Solltest du auch diesen Weg gehen, kratze zunächst immer nur ein wenig und teste es dann wieder aus. Sonst kann es passieren, dass du die Öffnung zu groß gemacht hast und der Stecker des Auges nicht mehr passt. Die Modelle, die ich für dieses Buch angefertigt habe, habe ich mit einer Häkelnadel von PRYM und Wenco mit dem Softgriff gehäkelt. Wer längere Zeit häkelt, wird feststellen, welchen Vorteil so ein Softgriff hat. Alle anderen Häkelnadeln haben mir nämlich sonst recht schnell Schmerzen in der Hand verursacht. Der Softgriff liegt gut in der Hand, und ich kann viel länger damit arbeiten, ohne Beschwerden zu bekommen.

Normalerweise verwende ich bei meinen Modellen immer sehr gerne 100% Baumwolle. Doch ausnahmsweise habe ich mich in eine Garnsorte aus dem Discounter verliebt, die zu 50% aus Polyacryl und 50% aus Polyamid besteht. Wichtig ist, dass ihr ein Garn für die Häkelnadel 3,0mm verwendet, wenn ihr die gleiche Größe bekommen möchtet, wie hier im Buch angegeben. Und noch ein kleiner Hinweis an dieser Stelle. Ich habe einige Jahre lang einen Online-Shop gehabt, in dem ich jede Menge vegane Wolle (Baumwolle oder Kunstfaser) verkauft habe. Warum ausschließlich vegan? Ich habe mich mit der Herstellung von Wolle ausgiebig beschäftigt, denn ich wollte wissen, was genau ich da verkaufte und nicht die Augen davor verschließen. Und mir hat sich bei den Erkenntnissen der Magen umgedreht. Prinzipiell sollte jeder selbst seine Entscheidung treffen, was für eine Wolle man verwendet. Ich verurteile niemanden, wer tierische Fasern verarbeitet, doch ich wollte diesen Hinweis machen, um diejenigen unter euch, die Interesse haben zu erfahren, was hinter der Herstellung von tierischer Wolle steckt, Informationen in die Hand zu geben. Auf der Webseite der Tierschutzorganisation PeTA zum Beispiel findest du jede Menge Informationen zum Thema Herstellung von Wolle, Schafswolle, Kaschmirziegen, Alpaka usw. Einfach die betreffenden Begriffe ins Suchfeld eingeben.

Der freche Affen Teelichtkranz

Material: Acrylgarn je 2 Knäule à 50g in braun und hellblau, sowie weniger als 50g (1 Knäuel) in beige und rot, Rest in schwarz (Original: Rellana „Caprice"), Häkelnadel 3,5, 1 Paar Sicherheitsaugen in schwarz; Durchmesser 10mm, Füllwatte, Stopfnadel, Wollnadel, Schere, Styroporkranz Durchmesser 22cm (20cm Durchmesser außen, 11cm Durchmesser innen, 4,5cm Breite), Chenilledraht (freie Farbwahl), je 2x 9,5cm Länge (für den Schwanz), 2 LED-Teelichter

Kranz (hellblau)

Der Bezug für den Kranz wird in Reihen gehäkelt.
Ich lasse es an dieser Stelle offen, wie viele Reihen du benötigst und rate dazu, regelmäßig den Bezug über den Kranz zu ziehen und selbst abzuschätzen, da jeder von uns unterschiedlich fest oder locker häkelt. Und da der Bezug genau passen soll, müsste es jeder selbst ausprobieren.
Aufgrund dessen sollte auch jeder ausprobieren, wie viele Luftmaschen man benötigt.
Ich habe insgesamt 29LM gehäkelt und um den Krank gewickelt. Die Enden sollten sich berühren können, ohne die LM-Kette straff zu ziehen.
Die Reihen werden wie folgt gehäkelt:

5fM, 28Stb, 5fM, und am Ende einer jeden Reihe dann noch 1 W-LM häkeln

Am Ende zum Abmaschen 2LM häkeln und einen langen Faden lassen, mit dem im nächsten Schritt der Bezug um den Styroporkranz herum zusammengenäht wird.

Hier ein bildliches Beispiel, wie der Bezug des Kranzes angebracht wird:

 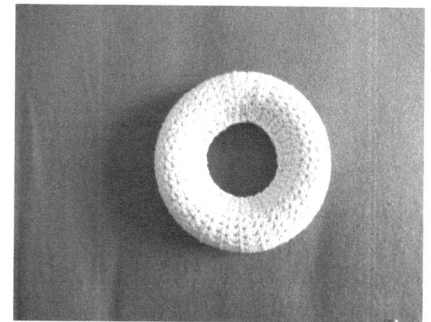

Teelichthalter/Bezug (2x; hellblau)

Rd 1: 6fM in einen Fadenring häkeln und zuziehen (6M)
Rd 2: alle M verdoppeln (12M)
Rd 3: 6x (1fM, 1DM) (18M)
Rd 4: 6x (2fM, 1DM) (24M)
Rd 5: 6x (3fM, 1DM) (30M)
Rd 6: 30fM ins hintere M-Glied (30M)
Rd 7-9: 30fM (30M)
1KM, abmaschen und zur Seite legen (sie werden als letztes an den Kranz genäht)

Schleife (3x; rot)

25LM häkeln und mit 1KM zur Runde schließen.
Insgesamt 4 Runden lang fM häkeln, danach 1KM und abmaschen.

Kopf & Körper (braun)

Rd 1: 6fM in einen Fadenring häkeln und zuziehen (6M)
Rd 2: alle M verdoppeln (12M)
Rd 3: 6x (1fM, 1DM) (18M)
Rd 4: 6x (2fM, 1DM) (24M)
Rd 5: 6x (3fM, 1DM) (30M)
Rd 6: 6x (4fM, 1DM) (36M)

Rd 7-12: 36fM (36M)
Rd 13: 6x (2M zus.abgem., 4fM) (30M)
Rd 14: 6x (2M zus.abgem., 3fM) (24M)
Rd 15: 6x (2M zus.abgem., 2fM) (18M)
Rd 16: 6x (2M zus.abgem., 1fM) (12M)
Den Kopf nun mit Watte ausstopfen.
Rd 17: 6x (1fM, 1DM) (18M)
Rd 18: 6x (2fM, 1DM) (24M)
Rd 19: 6x (3fM, 1DM) (30M)
Rd 20-27: 30fM (30M)
Rd 28: 6x (2M zus.abgem., 3fM) (24M)
Rd 29: 6x (2M zus.abgem., 2fM) (18M)
Rd 30: 6x (2M zus.abgem., 1fM) (12M)
Den Körper nun mit Watte ausstopfen.
Rd 31: 6x 2M zus.abgem. (6M)
1KM, abmaschen und die Öffnung zunähen.

Gesicht (beige)

Rd 1: 6fM in einen Fadenring häkeln und zuziehen (6M)
Rd 2: alle M verdoppeln (12M)
Rd 3: 6x (1fM, 1DM) (18M)
Rd 4: 6x (2fM, 1DM) (24M)
Rd 5: 6x (3fM, 1DM) (30M)
1KM, abmaschen und einen längeren Faden zum Annähen am Kopf lassen. Bei einem der Affen werden die Sicherheitsaugen vor dem Annähen noch angebracht. Der andere Affe benötigt keine Sicherheitsaugen, da er die Hände davor hält.

Schnauze (beige)

Rd 1: 6fM in einen Fadenring häkeln und zuziehen (6M)
Rd 2: alle M verdoppeln (12M)
Rd 3: 6x (1fM, 1DM) (18M)
Rd 4-6: 18fM (18M)
1KM, abmaschen und einen längeren Faden lassen, mit dem die Schnauze später (mit Watte gefüllt) an das Gesicht angenäht wird – vorher mit schwarzer Wolle Mund und Nasenlöcher sticken.

Ohren (2x; braun)

Rd 1: 6fM in einen Fadenring häkeln und zuziehen (6M)
Rd 2: alle M verdoppeln (12M)
1KM, abmaschen und einen längeren Faden lassen, mit dem die Ohren später an den Kopf angenäht werden.

Beine (2x; braun)

Rd 1: 6fM in einen Fadenring häkeln und zuziehen (6M)
Rd 2: alle M verdoppeln (12M)
Rd 3-19: 12fM (12M)
1KM, abmaschen und einen längeren Faden lassen, mit dem das Bein später an den Körper angenäht werden kann. Das Bein nur zur Hälfte mit Watte ausstopfen. Dann in der Mitte abknicken, und diesen Knick mit 1-2 Stichen fixieren. Das Bein in diesem angewinkelten Zustand am Körper annähen.

Füße (2x; braun)

Rd 1: 6fM in einen Fadenring häkeln und zuziehen (6M)
Rd 2: alle M verdoppeln (12M)
Rd 3-7: 12fM (12M)
Den Fuß nun mit Watte ausstopfen.
Rd 8: 6x 2M zus.abgem. (6M)
1KM, abmaschen und die Öffnung zunähen. Den Fuß daraufhin an das Bein (unten; nach vorne zeigend) annähen.

Schwanz (braun)

Rd 1: 6fM in einen Fadenring häkeln und zuziehen (6M)
Rd 2: 3x (1fM, 1DM) (9M)
Rd 3-27: 9fM (9M)
1KM, abmaschen und einen längeren Faden zum Annähen lassen. Den ca. 9,5cm langen Chenilledraht einführen, zunähen und dann mittig hinten am Körper annähen. Die Verschlussnaht des Schwanzes sitzt mittig unten am Körper. Durch den Draht kann man den Schwanz rund biegen.

Arme (2x; braun)

Rd 1: 6fM in einen Fadenring häkeln und zuziehen (6M)
Rd 2: alle M verdoppeln (12M)
Rd 3+4: 12fM (12M)
Rd 5: 1 Popcornmasche (= 5Stb in 1M häkeln und zusammen abmaschen), 11fM (12M)
Rd 6: 12fM (12M)
Rd 7: 3x (2M zus.abgem., 2fM) (9M)
Rd 8-21: 9fM (9M)
1KM, abmaschen und mit Watte ausstopfen. Den Arm daraufhin zunähen und seitlich am Körper annähen. Hierbei laut Bildern darauf achten, dass einer der Affen sich mit den Händen die Augen zuhält, der andere hält die Arme hoch (während er die Zunge rausstreckt). Dementsprechend die Hände entweder am Gesicht annähen oder aber seitlich oben am Kopf.

Zunge (rot)

Rd 1: 6fM in einen Fadenring häkeln und zuziehen (6M)
Rd 2: alle M verdoppeln (12M)
1KM, abmaschen, die Öffnung zunähen und einem der Affen vorne an die Schnauze annähen.

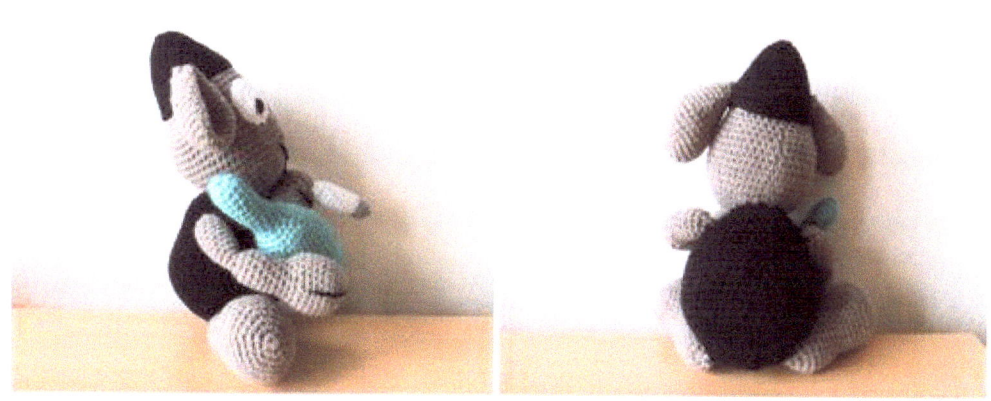

Das schwarze Schaf

Material: Acrylgarn 2 Knäule à 50g in beige, sowie 1 Knäuel schwarz und jadegrün und Reste in hellgrau und weiß (Original: Rellana „Caprice"), Häkelnadel 3,5, 1 Paar Sicherheitsaugen in schwarz; Durchmesser 14mm, Füllwatte, Stopfnadel, Wollnadel, Schere

Körper (schwarz)

Rd 1: 6fM in einen Fadenring häkeln und zuziehen (6M)
Rd 2: alle M verdoppeln (12M)
Rd 3: 6x (1fM, 1DM) (18M)
Rd 4: 6x (2fM, 1DM) (24M)
Rd 5: 6x (3fM, 1DM) (30M)
Rd 6: 6x (4fM, 1DM) (36M)
Rd 7: 6x (5fM, 1DM) (42M)
Rd 8: 6x (6fM, 1DM) (48M)
Rd 9: 6x (7fM, 1DM) (54M)
Rd 10: 6x (8fM, 1DM) (60M)
Rd 11-17: 60fM (60M)
Rd 18: 6x (2M zus.abgem., 8fM) (54M)
Rd 19: 54fM (54M)
Rd 20: 6x (2M zus.abgem., 7fM) (48M)
Rd 21: 48fM (48M)
Rd 22: 6x (2M zus.abgem., 6fM) (42M)
Rd 23: 42fM (42M)
Rd 24: 6x (2M zus.abgem., 5fM) (36M)
Rd 25: 36fM (36M)
Rd 26: 6x (2M zus.abgem., 4fM) (30M)
Rd 27: 30fM (30M)
Rd 28: 6x (2M zus.abgem., 3fM) (24M)
Rd 29: 24fM (24M)
Rd 30: 6x (2M zus.abgem., 2fM) (18M)
Rd 31: 18fM (18M)
1KM, abmaschen und einen längeren Faden lassen, mit dem später der Kopf angenäht wird. Den Körper nun auch mit Watte füllen.

Kopf (beige)

Rd 1: 6fM in einen Fadenring häkeln und zuziehen (6M)
Rd 2: alle M verdoppeln (12M)
Rd 3: 6x (1fM, 1DM) (18M)
Rd 4: 6x (2fM, 1DM) (24M)
Rd 5: 6x (3fM, 1DM) (30M)
Rd 6: 6x (4fM, 1DM) (36M)
Rd 7: 6x (5fM, 1DM) (42M)
Rd 8: 6x (6fM, 1DM) (48M)
Rd 9: 6x (7fM, 1DM) (54M)
Rd 10-15: 54fM (54M)
Rd 16: 6x (2M zus.abgem., 7fM) (48M)
Rd 17: 48fM (48M)
Rd 18: 6x (2M zus.abgem., 6fM) (42M)
Rd 19: 42fM (42M)
Rd 20: 6x (2M zus.abgem., 5fM) (36M)
Rd 21+22: 36fM (36M)
Rd 23: 6x (2M zus.abgem., 4fM) (30M)
Rd 24+25: 30fM (30M)
Rd 26: 6x (2M zus.abgem., 3fM) (24M)
Rd 27+28: 24fM (24M)
Nun mit schwarzer Wolle die Nase und den Mund sticken.
Rd 29: 6x (2M zus.abgem., 2fM) (18M)
Rd 30: 18fM (18M)
Jetzt wird der Kopf mit Watte gefüllt und in den folgenden Runden immer mal wieder nachgestopft.
Rd 31: 6x (2M zus.abgem., 1fM) (12M)
Rd 32: 6x 2M zus.abgem. (6M)
1KM, abmaschen und die Öffnung zunähen.

Augen (2x; weiß)

Rd 1: 6fM in einen Fadenring häkeln und zuziehen (6M)
Rd 2: alle M verdoppeln (12M)
Rd 3: 6x (1fM, 1DM) (18M)
1KM, abmaschen und einen längeren Faden lassen, mit dem du die Augen gleich am Kopf annähen kannst. Vorab die Sicherheitsaugen feststecken –

jedoch nicht in die Mitte, sondern weiter am Rand und die Augen daraufhin so annähen, dass sie in entgegengesetzte Richtungen schauen (schielen).

Kopfhaube (schwarz)

Rd 1: 6fM in einen Fadenring häkeln und zuziehen (6M)
Rd 2: alle M verdoppeln (12M)
Rd 3: 6x (1fM, 1DM) (18M)
Rd 4: 18fM (18M)
Rd 5: 6x (2fM, 1DM) (24M)
Rd 6+7: 24fM (24M)
Rd 8: 6x (3fM, 1DM) (30M)
Rd 9+10: 30fM (30M)
Rd 11: 6x (4fM, 1DM) (36M)
Rd 12+13: 36fM (36M)
1KM, abmaschen und einen längeren Faden lassen. Die Kopfhaube entsprechend oben auf dem Kopf platzieren und rund herum annähen.

Ohren (2x; beige)

Rd 1: 6fM in einen Fadenring häkeln und zuziehen (6M)
Rd 2: alle M verdoppeln (12M)
Rd 3: 6x (1fM, 1DM) (18M)
Rd 4: 6x (2fM, 1DM) (24M)
Rd 5: 6x (3fM, 1DM) (30M)
Rd 6-9: 30fM (30M)
Rd 10: 6x (2M zus.abgem., 3fM) (24M)
Rd 11+12: 24fM (24M)
Rd 13: 6x (2M zus.abgem., 2fM) (18M)
Rd 14+15: 18fM (18M)
Rd 16: 6x (2M zus.abgem., 1fM) (12M)
Rd 17: 12fM (12M)
1KM, abmaschen und einen längeren Faden lassen, mit dem später das Ohr am Kopf angenäht wird. Die Ohren werden nicht mit Watte gefüllt. Die Öffnung platt zusammendrücken und mit ein paar Stichen vorweg zusammennähen. Dann in der Mitte zusammenfalten und am Kopf annähen.

Füße (2x; beige)

Rd 1: 6fM in einen Fadenring häkeln und zuziehen (6M)
Rd 2: alle M verdoppeln (12M)
Rd 3: 6x (1fM, 1DM) (18M)
Rd 4: 6x (2fM, 1DM) (24M)
Rd 5: 6x (3fM, 1DM) (30M)
Rd 6: 6x (4fM, 1DM) (36M)
Rd 7: 36fM ins hintere M-Glied häkeln (36M)
Rd 8: 36fM (36M)
Rd 9: 6x (2M zus.abgem., 4fM) (30M)
Rd 10: 12hStb, 18fM (30M)
Rd 11: 6x (2M zus.abgem., 3fM) (24M)
Rd 12: 24fM (24M)
Rd 13: 6x (2M zus.abgem., 2fM) (18M)
Rd 14: 18fM (18M)
Nun mit schwarzer Wolle die Hufspalte sticken und das Bein mit Watte füllen (in den folgenden Runden nachstopfen).
Rd 15-21: 18fM (18M)
Rd 22: 6x (2M zus.abgem., 1fM) (12M)
Rd 23: 6x 2M zus.abgem. (6M)
1KM, abmaschen und einen längeren Faden lassen, mit dem später der Fuß am unteren Teil des Körpers angenäht wird. Vorweg die kleine Öffnung oben zunähen.

Arme (2x; beige)

Rd 1: 6fM in einen Fadenring häkeln und zuziehen (6M)
Rd 2: alle M verdoppeln (12M)
Rd 3: 6x (1fM, 1DM) (18M)
Rd 4: 6x (2fM, 1DM) (24M)
Rd 5-9: 24fM (24M)
Rd 10: 6x (2M zus.abgem., 2fM) (18M)
Nun wird mit schwarzer Wolle die Hufspalte gestickt und die Hand mit Watte gefüllt (in den folgenden Runden immer mal wieder nachstopfen).
Rd 11: 6x (2M zus.abgem., 1fM) (12M)
Rd 12-19: 12fM (12M)
Rd 20: 6x 2M zus.abgem. (6M)

Rd 21: 6fM (6M)
Rd 22: 6x (1fM, 1DM) (12M)
Rd 23-31: 12fM (12M)
Rd 32: 6x 2M zus.abgem. (6M)
1KM, abmaschen und einen längeren Faden lassen, mit dem später der Arm an den Körper angenäht wird.

Zigarette

In hellgrau beginnend

Rd 1: 6fM in einen Fadenring häkeln und zuziehen (6M)
Rd 2: 3x (1fM, 1DM) (9M)
Rd 3+4: 9fM (9M)
Farbwechsel in weiß
Rd 5-13: 9fM (9M)
1KM, abmaschen und einen längeren Faden lassen. Zunächst die Zigarette mit Watte füllen. Dann den linken Arm am Mund annähen, die Zigarette letztendlich vorne an die linke Hand annähen, so dass es aussieht, als ob das Schaf raucht.

Weinflasche (jadegrün)

Rd 1: 6fM in einen Fadenring häkeln und zuziehen (6M)
Rd 2: alle M verdoppeln (12M)
Rd 3: 6x (1fM, 1DM) (18M)
Rd 4: 6x (2fM, 1DM) (24M)
Rd 5: 6x (3fM, 1DM) (30M)
Rd 6: 30fM ins hintere M-Glied häkeln (30M)
Rd 7-21: 30fM (30M)
Rd 22: 6x (2M zus.abgem., 3fM) (24M)
Rd 23: 6x (2M zus.abgem., 2fM) (18M)
Die Weinflasche nun mit Watte füllen und in den folgenden Runden nachstopfen.
Rd 24: 6x (2M zus.abgem.,1fM) (12M)
Rd 25-34: 12fM (12M)
Rd 35: 6x 2M zus.abgem. (6M)

1KM, abmaschen und die Öffnung zunähen. Die Weinflasche so zwischen rechtem Arm und Körper annähen, dass es aussieht, als würde das Schaf die Weinflasche im Arm halten.

Klorollenbezug Hase

Material: Acrylgarn 50g in braun, etwas weiß und einen Rest in rosa und schwarz (Original: „Caprice" von Rellana), Häkelnadel 3,5, Sicherheitsaugen 12mm in schwarz, Füllwatte, Wollnadel

Bezug (braun)

Rd 1: 3LM (zählt als 1. Stb), 11Stb in einen Fadenring häkeln und mit 1KM zur Runde schließen (12M)
Rd 2: alle M verdoppeln (als Stb), 1KM in die 1. LM (24M)
Rd 3: 3LM (zählt als 1. Stb), 2Stb in 1M, 11x (1Stb, 2Stb in 1M), 1KM in die 1. LM (36M)
Rd 4: 3LM (zählt als 1. Stb), 1Stb, 2Stb in 1M, 11x (2Stb, 2Stb in 1M), 1KM in die 1. LM (48M)
Rd 5: 3LM (zählt als 1. Stb), 2Stb, 2Stb in 1M, 11x (3Stb, 2Stb in 1M), 1KM in die 1. LM (60M)
Rd 6-14: 3LM (zählt als 1. Stb), 59Stb, 1KM in die 1. LM (60M)
Abmaschen und den Faden vernähen.

Ohren (2x; braun)

Rd 1: 6fM in einen Fadenring häkeln und zuziehen (6M)
Rd 2: 6fM (6M)
Rd 3: 3x (1fM, 1DM) (9M)
Rd 4: 9fM (9M)
Rd 5: 3x (2fM, 1DM) (12M)
Rd 6: 12fM (12M)
Rd 7: 3x (3fM, 1DM) (15M)
Rd 8: 15fM (15M)
Rd 9: 3x (4fM, 1DM) (18M)
Rd 10: 18fM (18M)
Rd 11: 3x (5fM, 1DM) (21M)
Rd 12-19: 21fM (21M)
1KM, abmaschen und die Öffnung unten zunähen (die Ohren werden nicht mit Watte gefüllt), dann in der Mitte zusammenfalten und diese Außenkante unten auch wieder zusammennähen. So werden die Ohren im Anschluss an den Bezug

genäht (am besten den Bezug während des Annähens auf eine Klopapierrolle stülpen).

Augen (2x; weiß)

Rd 1: 6fM in einen Fadenring häkeln und zuziehen (6M)
Rd 2: alle M verdoppeln (12M)
Rd 3: 6x (1fM, 1DM) (18M)
1KM, abmaschen und die Sicherheitsaugen befestigen - daraufhin an den Bezug annähen.

Nase (rosa)

Rd 1: 6fM in einen Fadenring häkeln und zuziehen (6M)
Rd 2: alle M verdoppeln (12M)
Rd 3: 12fM (12M)
1KM, abmaschen, die Nase mit ein wenig Watte füllen und an den Bezug nähen.

Zähne (weiß)

Die Zähne werden in Reihen gehäkelt. Hierfür 4LM häkeln und insgesamt 4 Reihen 3fM + 1W-LM häkeln. Danach abmaschen und an den Bezug nähen. Die gehäkelten Reihen der Zähne verlaufen senkrecht zum Bezug. Mit einem schwarzen Wollfaden in der Mitte der Zähne eine Trennlinie sticken, damit 2 Zähne entstehen.

In weiß rechts und links 3 Barthaare sticken.

Dreieckstuch „Half Granny"

Länge ca. 145cm, Höhe ca. 75cm

<u>Material</u>: Häkelnadel 4,0, Wollnadel, Bobbel Regenbogen cognac-kastanie-braun (von Rellana; Farbnr. 40)

Das Tuch wird in Reihen gehäkelt.

Du beginnst damit, 4LM zu häkeln und diese mit 1KM zur Runde zu schließen.

R 1: du beginnst mit 4LM und häkelst daraufhin in diese Runde 3Stb, 2LM, 3Stb, 1LM, 1Stb

R 2: 4LM, in den ersten LM-Bogen 3Stb, 1LM, in den nächsten LM-Bogen 3Stb, 2LM (Spitze), in den gleichen LM-Bogen 3Stb, 1LM, 3Stb in den letzten LM-Bogen, 1LM, 1Stb in den gleichen LM-Bogen

R 3: 4LM, in den ersten LM-Bogen 3Stb, 1LM, 3Stb in den nächsten LM-Bogen, 1LM, 3Stb in den nächsten LM-Bogen, 2LM (Spitze) 3Stb in den gleichen LM-Bogen, 1LM, 3Stb in den nächsten LM-Bogen, 1LM, 3Stb in den letzten LM-Bogen, 1LM, 1Stb in den gleichen LM-Bogen

Und so häkelst du immer weiter – das Tuch wird dadurch immer größer.
Du beginnst immer mit 1LM, häkelst immer 3Stb in die LM-Bögen, daraufhin 1LM (an der Spitze 2LM) und endest mit 1LM und 1Stb in den letzten LM-Bogen. Du häkelst so lange, bis der Bobbel aufgebraucht ist bzw. bis du mit dem Rest keine weitere Reihe mehr schaffen würdest.
Bitte nicht mitten in einer Reihe aufhören, weil das Garn aufgebraucht ist. Dann lieber die letzte Reihe nicht mehr beginnen.

Die Arbeit abschließen tust du, indem du zum Abschluss zum Abmaschen 2LM häkelst, den Faden abschneidest, durchziehst (fest anziehen) und vernähst – genauso auch mit dem Fadenanfang.

Etui(s)

Material: ich habe mercerisiertes Baumwollgarn von unterschiedlichen Herstellern verwendet. Für das Etui in bunten Reihen habe ich „Catania" von Schachenmayr verwendet in cyclam, golfgrün, sonne, royal und violett, sowie einen Reißverschluss 18cm in violett; für das Etui in Blautönen habe ich „Adina colori" von Rellana verwendet, sowie einen Rest in royal und einen Reißverschluss 18cm in blau. Zusätzlich für beide Modelle eine Häkelnadel 3,0, eine Wollnadel, eine Nähnadel, sowie farblich passendes Nähgarn und Stecknadeln

Du häkelst insgesamt (in lila bzw. blau colori) 45LM bzw. eine LM-Kette von ca. 19/20cm und häkelst dann in jede Reihe in fM. Bei dem Adina-colori-Garn findet kein Farbwechsel statt, sondern du häkelst schlicht fM in Reihen. Bei dem Catania-Garn findet immer nach 4 Reihen ein Farbwechsel statt. Du beginnst in violett, wechselst dann in golfgrün, dann wieder in violett, danach sonne, daraufhin wieder violett, dann cyclam und wieder violett usw...

Insgesamt häkelst du 52 Reihen.
Die letzte Reihe wird in KM gehäkelt. Zum Schluss abmaschen.

Die 2 Runden Außenflächen haben einen Durchmesser von ca. 7cm. Bei dem Modell Streifen (mit „Catania" von Schachenmayr) werden die runden Außenflächen in royal gehäkelt, bei dem colori Modell („Adina" von Rellana) in der gleichen Farbe.

Rundes Außenteil (2x)

Rd 1: 6fM in einen Fadenring häkeln und zuziehen (6M)
Rd 2: alle M verdoppeln (12M)
Rd 3: 6x (1fM, 1DM) (18M)
Rd 4: 6x (2fM, 1DM) (24M)
Rd 5: 6x (3fM, 1DM) (30M)
Rd 6: 6x (4fM, 1DM) (36M)
Rd 7: 6x (5fM, 1DM) (42M)
Rd 8: 6x (6fM, 1DM) (48M)
Rd 9: 6x (7fM, 1DM) (54M), 1KM, abmaschen

Im Anschluss die Rundungen mit Stecknadeln an das rechteckige Häkelstück feststecken. Die Außenkante des Häkelstücks wird komplett einmal um die Rundung gewickelt, festgesteckt und entweder mit einem Wollfaden festgenäht oder aber mit fM drangehäkelt. Dies machst du auf beiden Seiten. Sollte es wiedererwarten dazu kommen, dass oben eine kleine Lücke von ein paar Millimetern entsteht, so ist dies nicht schlimm. Sobald der Reißverschluss eingenäht ist, kannst du noch einmal mit einem Faden der Hauptfarbe des Etuis mit ein paar Stichen die Lücke oben schließen.

Blüte

Die Blüte wird in Adina royal gehäkelt.

4LM häkeln und mit 1KM zur Runde schließen.

Rd 1: 1LM, 9fM in den Ring häkeln, 1KM in die LM häkeln (10M)
Rd 2: 5x (4LM, 2DStb in 1M, 4LM, 1fM), enden mit 1KM, abmaschen

<u>Zur Naht für den Reißverschluss (hier ein Beispiel):</u>

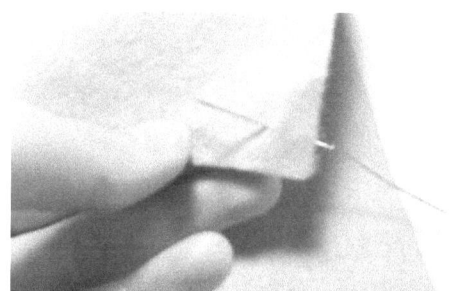 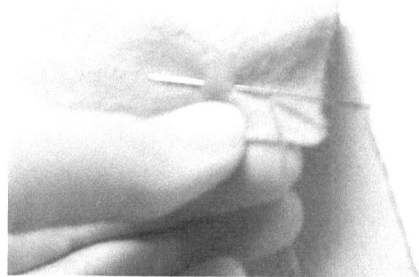

Von unten einstechen und den Faden durchziehen (Abb. 1). Wenige Millimeter daneben einstechen, wieder ausstechen und den Faden wieder durchziehen (Abb. 2).

Es entsteht eine Lücke. Um diese Lücke zu schließen, mit der Nadel zurückgehen und dort wieder einstechen, wo du im vorherigen Schritt eingestochen hast. Und du stichst auch dort wieder aus, wo du im vorherigen Schritt ausgestochen hast – quasi diesen Schritt wiederholen. Dann wiederholst du ab Abb. 2 immer wieder diese beiden Schritte.

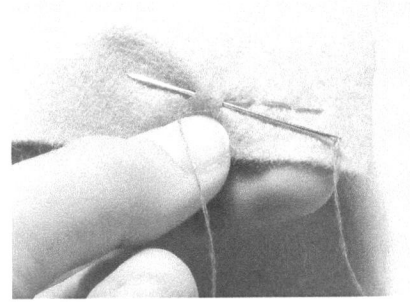

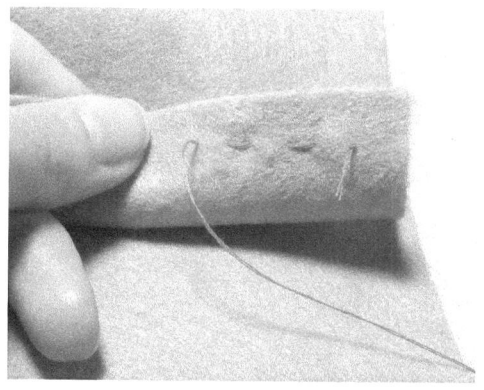

So sieht die Naht von innen/hinten aus.

Herzkranz Eulen

Material: Acrylgarn „Caprice" von Rellana in rosa, hellblau, flieder und Reste in lila, jeansblau, weiß und jadegrün, Häkelnadel 3,5mm, 2 Paar Sicherheitsaugen in schwarz Durchmesser 8mm, Füllwatte, Schere, Stopfnadel/Wollnadel, Styropor-Herzkranz Durchmesser 20cm, Sicherheitsnadel

Fertige in rosa einen Bezug für den Herzkranz wie folgt an:

21LM (20M)

3fM, 14Stb, 3fM, 1W-LM

Diesen Arbeitsschritt so lange wiederholen, bis der Bezug vollständig um den Herzkranz passt. Der Bezug darf hier nicht zu lang/locker werden/sitzen, sonst entsteht oben an der Herzform eine einzige Rundung, und der Bezug passt sich nicht der Herzform an. Der Bezug muss gut gespannt werden. Dann abmaschen und um den Kranz herum festnähen. Beim Herzkranz ist es sehr wichtig, dass der Bezug an der unteren Spitze beginnt/schließt. Während des Zusammennähens den Bezug an der oberen/mittleren Spitze fest spannen, bestenfalls mit einer Sicherheitsnadel zusammenhalten.

Für die Schlaufe zum Aufhängen häkelst du 41LM und 1 Reihe fM. Am Ende abmaschen, das Band zu einer Schlaufe zusammennähen und von hinten oben in der Mitte des Herzens annähen.

Eine genaue Bild-für-Bild-Anleitung für den Kranz findest du in der ersten Anleitung dieses Buches (Der freche Affen Teelichtkranz).

Dann werden die Eulen gehäkelt:

Eine wird in flieder/lila gearbeitet, die andere in hellblau/jeansblau.

Augenringe (2x; weiß)

4LM mit 1KM zur Rd schließen
8fM in diese Runde häkeln, 1KM in die 1. fM dieser Runde, abmaschen.
Die Sicherheitsaugen durch die Öffnung in der Mitte stecken, daraufhin durch die gewünschte Position im Körper stecken (in die 6. Runde von oben) und von innen die Verschlusskappe draufstecken. Den Augenring mit ein paar Stichen am Körper festnähen.

Kopf & Körper (flieder/hellblau)

Rd 1: 6fM in einen Fadenring häkeln und zuziehen (6M)
Rd 2: alle M verdoppeln (12M)
Rd 3: 6x (1fM, 1DM) (18M)
Rd 4-7: 18fM (18M)
Rd 8: 6x (2fM, 1DM) (24M)
Rd 9-13: 24fM (24M)
Nun die Augen anbringen, mit gelber Wolle den Schnabel sticken und mit Watte füllen – in den folgenden Runden immer mal wieder nachstopfen.
Rd 14: 6x (2M zus.abgem., 2fM) (18M)
Rd 15: 6x (2M zus.abgem., 1fM) (12M)
Rd 16: 6x 2M zus.abgem. (6M)
1KM, abmaschen, Öffnung zunähen
Nun mit der Häkelnadel je 1 Faden in lila/flieder bzw. jeans/hellblau von ca. 10cm zusammen einmal auf der linken und dann auf der rechten Seite oben auf dem Kopf durchziehen und die Fadenenden durch die Schlaufe stecken und fest anziehen. Mit der Schere die Fäden auf eine entsprechende Länge kürzen (Pinsel auf dem Kopf)

Flügel (2x; lila/jeansblau)

6LM häkeln (bei diesem Schritt wird auf der Ober- und Unterseite der LM-Kette gearbeitet.
Dann arbeitest du wie folgt:
3fM, 1hStb, 6hStb in 1M, auf die Unterseite drehen und dort weiterhäkeln: 1hStb, 3fM, abmaschen und einen längeren Faden zum Annähen lassen.

Blüten für den Kranz (2 Stück)

In gelb beginnend

4LM häkeln und mit 1KM zur Runde schließen.

Rd 1: 1LM, 9fM in den Ring häkeln, Farbwechsel in jeansblau oder lila und mit dieser Farbe 1KM in die LM häkeln (10M)
Rd 2: 5x (4LM, 2DStb in 1M, 4LM, 1fM), enden mit 1KM, abmaschen

Blätter (2x; jadegrün)

Du beginnst damit, indem du zunächst 11LM häkelst.
Bei diesem Schritt wird auf der Ober- und Unterseite der LM-Kette gearbeitet.

Daraufhin häkelst du wie folgt:
3fM, 2hStb, 2Stb, 2DStb, 10DStb in 1M, auf die Unterseite drehen und dort weiterarbeiten: 2DStb, 2Stb, 2hStb, 3fM, abmaschen

Alle Teile wie auf den Fotos zu sehen sind entsprechend mit Wollfäden an den Kranz nähen.

Der scharfe Teddy (mit Chili)

Material: Acrylgarn in beige (50g Knäuel) und rot, sowie Reste in tanne und schwarz (Original „Caprice" von Rellana), Sicherheitsaugen in schwarz Durchmesser 10mm, Häkelnadel 3,5, Füllwatte, Stopfnadel und Wollnadel, Schere

Der Teddy wird komplett in beige gearbeitet.

Beine (2x)

Rd 1: in einen Fadenring 6fM häkeln, den Ring zuziehen (6M)
Rd 2: in jede Masche 1DM häkeln (12M)
Rd 3: 6x (1fM, 1DM) (18M)
Rd 4 + 5: in jede Masche 1fM häkeln (18M)
Rd 6: 5fM, 4x (2M zus.abgem.), 5fM (14M)
Rd 7: 5fM, 2M zus.abgem., 1fM, 2M zus.abgem., 4fM (12M)
Rd 8: 6fM, 2M zus.abgem., 4fM (11M)
Rd 9 – 13: in jede Masche 1fM häkeln (11M)
Das Bein ausstopfen, nach oben hin sollen die Beine flach bleiben, damit sie besser am Körper anliegen.
Rd 14: 1fM, 2x (2M zus.abgem.), 1fM, 2x (2M zus.abgem.), 1fM (7M)
Noch 2fM häkeln, um an der Seite anzukommen, den Beinschlauch zusammenlegen und 3fM zuhäkeln.
2LM zum Schluss, Faden abschneiden und festziehen.

Arme (2x)

Rd 1: in einen Fadenring 6fM, den Ring zuziehen (6M)
Rd 2: in jede Masche 1DM häkeln (12M)
Rd 3: 3x (3fM, 1DM) (15M)
Rd 4 + 5: in jede Masche 1fM häkeln (15M)
Rd 6: 4fM, 3x (2M zus.abgem.), 5fM (12M)
Rd 7: 4fM, 2x (2M zus.abgem.), 4fM (10M)
Rd 8: 4fM, 2M zus.abgem., 4fM (9M)
Rd 9 – 13: in jede Masche 1fM häkeln (9M)

Den Arm ausstopfen, nach oben hin sollen die Arme flach bleiben, damit sie besser am Körper anliegen.
Rd 14: 2M zus.abgem., 1fM, 3x (2M zus.abgem.) (5M)
Noch 2fM häkeln, um an der Seite anzukommen, den Armschlauch zusammenlegen und mit 2fM zuhäkeln.
2LM zum Schluss, Faden abschneiden und festziehen.

Körper

Rd 1: in einen Fadenring 6fM häkeln, den Ring zuziehen (6M)
Rd 2: in jede Masche 1DM häkeln (12M)
Rd 3: 6x (1fM, 1DM) (18M)
Rd 4: 6x (2fM, 1DM) (24M)
Rd 5: 6x (3fM, 1DM) (30M)
In der nächsten Runde werden die Beine drangehäkelt. Die Stelle, von der aus die nächste Runde begonnen wird, ist die Mitte des Rückens. Deshalb unbedingt drauf achten, dass die Füße nach vorne zeigen. Während du die Beine dranhäkelst, bitte unbedingt darauf achten, dass durch beide Lagen gestochen wird – durch das Bein und durch den Körper.
Rd 6: 6fM, mit 3fM das linke Bein dranhäkeln, 12fM, mit 3fM das rechte Bein dranhäkeln, 6fM (30M)
Rd 7: in jede Masche 1fM häkeln (30M)
In der nächsten Runde häkelst du das Schwänzchen.
Rd 8: 1 Popcornmasche (= 5Stb in 1 Masche zusammen abgemascht häkeln), 29fM (30M)
Rd 9+10: in jede Masche 1fM häkeln (30M)
Rd 11: 6x (3fM, 2M zus.abgem.) (24M)
Rd 12: 3x (6fM, 2M zus.abgem.) (21M)
Rd 13 – 15: in jede Masche 1fM häkeln (21M)
Rd 16: 8fM, 5x (2M zus.abgem.), 3fM (16M)
Rd 17: in jede Masche 1fM häkeln (16M)
Den Rumpf zu 2/3 ausstopfen. Bei den folgenden Abnahmerunden weiter nachstopfen.
In der nun folgenden Runde werden die Arme drangehäkelt. Hier wieder darauf achten, dass die Hände nach vorne zeigen.
Rd 18: 7fM, mit 2fM den linken Arm dranhäkeln, 5fM, mit 2fM den rechten Arm dranhäkeln (16M)
Rd 19: in jede Masche 1fM häkeln (16M)

Rd 20: 4x (2fM, 2M zus.abgem.) (12M)
Rd 21: in jede Masche 1fM häkeln (12M)
Den Halsbereich nochmals fest ausstopfen, damit der später angenähte Kopf gut in seiner Position bleibt.
Rd 22: 6x (2M zus.abgem.) (6M)
2LM zum Schluss, ca. 30 cm Garn dran lassen (er wird später zum annähen des Kopfes benötigt), Faden abschneiden und festziehen.

Ohren (2x)

Rd 1: 6fM in einen Fadenring häkeln und zuziehen (6M)
Rd 2: 3x (1fM, 1DM) (9M)
1KM, abmaschen

Kopf (beige)

Rd 1: 6fM in einen Fadenring häkeln und zuziehen (6M)
Rd 2: alle M verdoppeln (12M)
Rd 3: 4x(2fM, 1DM) (16M)
Rd 4+5: 16fM (16M)
Rd 6: 4fM, 8KM,4fM (16M)
Rd 7: 5fM, 8DM, 3fM (24M)
Rd 8: 8fM, 2DM,7fM,2DM, 5fM (28M)
Rd 9+10: 28fM (28M)
Rd 11: 11fM, 1DM, 9fM, 1DM, 6fM (30M)
Rd 12+13: 30fM (30M)
In der nächsten Runde werden die Ohren mit drangehäkelt. Hierfür die Ohren mit der linken Seite nach außen dranhäkeln.
Rd 14: 11fM, mit 3fM das linke Ohr dranhäkeln, 8fM, mit 3fM das rechte Ohr dranhäkeln, 5fM (30M)
Rd 15: 6x (3fM, 2M zus.abgem.) (24M)
Rd 16: 24fM (24M)
Nun die Nase in schwarz sticken und die Augen feststecken (bei Steckaugen zwischen der 7. Und 8. Runde mit etwa 5M Abstand).
Rd 17: 6x (2fM,2M zus.abgem.) (18M)
Den Kopf nun zu 2/3 mit Watte ausstopfen.
Die weiteren Runden immer *2fM, 2M zus.abgem.* über die Runden hinweg häkeln, bis 8M übrig bleiben. Dann abmaschen und die Öffnung zunähen.

Während der Abnahmen den Kopf nochmals ausstopfen, bis er die gewünschte Festigkeit erreicht hat.
Den Kopf so an den Körper annähen, dass er zur Seite schaut.

Chili

In rot beginnend

Rd 1: 6fM in einen Fadenring häkeln und zuziehen (6M)
Rd 2: 6fM (6M)
Rd 3: 3x (1fM, 1DM) (9M)
Rd 4: 9fM (9M)
Rd 5: 3x (2fM, 1DM) (12M)
Rd 6: 12fM (12M)
Rd 7: 3x (3fM, 1DM) (15M)
Rd 8: 15fM (15M)
Rd 9: 3x (4fM, 1DM) (18M)
Rd 10: 18fM (18M)
Rd 11: 3x (5fM, 1DM) (21M)
Rd 12: 21fM (21M)
Rd 13: 3x (6fM, 1DM) (24M)
Rd 14: 24fM (24M)
Rd 15: 3x (7fM, 1DM) (27M)
Rd 16: 27fM (27M)
Rd 17: 5x 2M zus.abgem., 5fM, 5DM, 7fM (27M)
Rd 18: 2fM, 3x 2M zus.abgem., 6fM, 3DM, 10fM (27M)
Rd 19-22: 27fM (27M)
Rd 23: 2fM, 3x 2M zus.abgem., 6fM, 3DM, 10fM (27M)
Rd 24-47: 27fM (27M)
Die Chilischote nun mit Watte füllen und in den folgenden Runden immer wieder nachstopfen.
Rd 48: 3x (2M zus.abgem., 7fM) (24M)
Rd 49: 6x (2M zus.abgem., 2fM) (18M)
Farbwechsel in tanne
Rd 50: 6x (2M zus.abgem., 1fM) (12M)
Rd 51: 6x 2M zus.abgem. (6M)
Rd 52-58: 6fM (6M)
1KM, abmaschen, die Öffnung zunähen.

Möchtest du die Chilischote später aufhängen, so häkelst du nochmal in tanne 40LM und schließt sie mit 1KM zur Runde. Mit den Fadenenden diese Schlaufe oben an der Spitze der Chilischote annähen.
Im Anschluss den Teddy mit beigefarbener Wolle an allen 4 Pfoten an der Chili annähen, so dass es so aussieht, dass er sie umklammert.
Auch mit ein paar Stichen den Kopf an die Chilischote annähen, damit alles fest sitzt.

Kissen „Smiley"

Material: 250g (5 Knäule) gelb, sowie 1 Knäuel schwarz (Original: „Lisa" von WollButt), Häkelnadel 6,0, Wollnadel, Füllwatte, Schere, ggf. Stecknadeln

Augen (2x; schwarz)

Rd 1: 6fM in einen Fadenring häkeln und zuziehen (6M)
Rd 2: alle M verdoppeln (12M)
Rd 3: 6x (1fM, 1DM) (18M)
Rd 4: 6x (2fM, 1DM) (24M)
Rd 5: 6x (3fM, 1DM) (30M)
1KM, abmaschen und einen längeren Faden lassen zum Annähen

Kissen (gelb)

Rd 1: 6fM in einen Fadenring häkeln und zuziehen (6M)
Rd 2: alle M verdoppeln (12M)
Rd 3: 6x (1fM, 1DM) (18M)
Rd 4: 6x (2fM, 1DM) (24M)
Rd 5: 6x (3fM, 1DM) (30M)
Rd 6: 6x (4fM, 1DM) (36M)
Rd 7: 6x (5fM, 1DM) (42M)
Rd 8: 6x (6fM, 1DM) (48M)
Rd 9: 6x (7fM, 1DM) (54M)
Rd 10: 6x (8fM, 1DM) (60M)
Rd 11: 6x (9fM, 1DM) (66M)
Rd 12: 6x (10fM, 1DM) (72M)
Rd 13: 6x (11fM, 1DM) (78M)
Rd 14: 6x (12fM, 1DM) (84M)
Rd 15: 6x (13fM, 1DM) (90M)
Rd 16: 6x (14fM, 1DM) (96M)
Rd 17: 6x (15fM, 1DM) (102M)
Rd 18: 6x (16fM,1DM) (108M)
Rd 19: 6x (17fM, 1DM) (114M)
Rd 20: 6x (18fM, 1DM) (120M)
Rd 21: 6x (19fM,1DM) (126M)

Rd 22: 6x (20fM, 1DM) (132M)
Rd 23: 6x (21fM, 1DM) (138M)
Rd 24: 6x (22fM, 1DM) (144M)
Rd 25: 6x (23fM, 1DM) (150M)
Rd 26: 150fM ins hintere M-Glied (150M)
Rd 27-30: 150fM (150M)
Rd 31: 150fM ins hintere M-Glied (150M)
Rd 32: 6x (2M zus.abgem., 23fM) (144M)
Rd 33: 6x (2M zus.abgem., 22fM) (138M)
Rd 34: 6x (2M zus.abgem., 21fM) (132M)
Rd 35: 6x (2M zus.abgem., 20fM) (126M)
Rd 36: 6x (2M zus.abgem., 19fM) (120M)
Rd 37: 6x (2M zus.abgem., 18fM) (114M)
Rd 38: 6x (2M zus.abgem., 17fM) (108M)
Rd 39: 6x (2M zus.abgem., 16fM) (102M)
Rd 40: 6x (2M zus.abgem., 15fM) (96M)
Rd 41: 6x (2M zus.abgem., 14fM) (90M)
Rd 42: 6x (2M zus.abgem., 13fM) (84M)
Rd 43: 6x (2M zus.abgem., 12fM) (78M)
Rd 44: 6x (2M zus.abgem., 11fM) (72M)
Rd 45: 6x (2M zus.abgem., 10fM) (66M)
Rd 46: 6x (2M zus.abgem., 9fM) (60M)
Rd 47: 6x (2M zus.abgem., 8fM) (54M)
Rd 48: 6x (2M zus.abgem., 7fM) (48M)
Rd 49: 6x (2M zus.abgem., 6fM) (42M)
Nun die Augen annähen und den Mund sticken. Hierfür ggf. 3 Stecknadeln zur Hilfe nehmen. Je 1 Stichpunkt für die rechte bzw. linke Seite, sowie 1 Stichpunkt für die Mitte weiter unten, um dem Smiley auch ein Lächeln ins Gesicht zu zaubern. Daraufhin mit Watte füllen und in den nachfolgenden Runden immer weiter nachstopfen.
Rd 50: 6x (2M zus.abgem., 5fM) (36M)
Rd 51: 6x (2M zus.abgem., 4fM) (30M)
Rd 52: 6x (2M zus.abgem., 3fM) (24M)
Rd 53: 6x (2M zus.abgem., 2fM) (18M)
Rd 54: 6x (2M zus.abgem., 1fM) (12M)
Rd 55: 6x 2M zus.abgem. (6M)
1KM, abmaschen und die Öffnung zunähen.

Seelenwärmer „Meeresbrise"

Größe 36/38 (40/42)

Material: Wolle „Anna" (Lauflänge 90m/100g) von Woolworth 800g (1200g) in blau/grau meliert, 400g (600g) in grau, Häkelnadel 6,0

Für Größe 36/38 häkelst du (beginnend mit der blau/grau melierten Wolle) 90 + 1 + 3 Luftmaschen = insgesamt 94LM; für Größe 40/42 108 + 1 + 3 Luftmaschen = insgesamt 112LM (Maschenzahl muss insgesamt teilbar sein durch 6 + 1 + 3).

Daraufhin folgst du dem hier gezeigten Häkelmuster:

. = Luftmasche

| = feste Masche

† = Stäbchen

0 = Büschelmasche (1U, 1 Schlinge holen, *1U, in dieselbe M einstechen & 1 Schlinge holen, ab * 2x wdh. & alle Schlingen zusammen abmaschen

Wenn du insgesamt eine Höhe von ca. 62cm (78cm) erreicht hast, gehst du in die Ärmel über. Hierfür legst du das Häkelstück so vor dich hin, wo du die letzte Reihe links oben beendet hast. Von dort aus machst du zunächst einen Farbwechsel in grau und häkelst aus die Außenkante links nach unten entlang in hStb.

Rd 1-3: 2LM (zählt als 1. hStb), 87hStb (107hStb), 1KM in die 1. LM (zur Runde schließen)
Rd 4: 2LM (zählt als 1. hStb), 5hStb, 2 hStb zus.abgem., *(6hStb, 2hStb zus.abgem.), ab * bis Ende der Runde, Rundenende mit 1KM in die 1. LM (dieser Rhythmus geht am Ende der Runde nicht auf, daher die letzten M als hStb häkeln)

Rd 5+6: 2LM (zählt als 1. hStb), hStb bis zum Rundenende, 1KM in die 1. LM
Rd 7: 2LM (zählt als 1. hStb), 3hStb, 2hStb zus.abgem., *4hStb, 2hStb zus.abgem., ab * bis Ende der Runde (dieser Rhythmus geht am Ende der Runde nicht auf,daher die letzten M als hStb häkeln)
Rd 8+9: 2LM (zählt als 1. hStb), hStb bis zum Rundenende, 1KM in die 1. LM
Rd 10: 2LM (zählt als 1. hStb), 3hStb, 2hStb zus.abgem., *4hStb, 2hStb zus.abgem., ab * bis Ende der Runde (dieser Rhythmus geht am Ende der Runde nicht auf,daher die letzten M als hStb häkeln)
Rd 11-14: 2LM (zählt als 1. hStb), hStb bis zum Rundenende, 1KM in die 1. LM

Im Anschluss abmaschen, Fäden vernähen.

Türkranz Hund mit Herz

Material: Acrylgarn je 2 Knäule à 50g in flieder, sowie weniger als 50g (1 Knäuel) in weiß, schwarz und rot, Reste in gelb, jeansblau und rosa (Original: Rellana „Caprice"), Häkelnadel 3,5, 1 Paar Sicherheitsaugen in hellblau; Durchmesser 10mm, Füllwatte, Stopfnadel, Wollnadel, Schere, Styroporkranz Durchmesser 25cm

Kranz (flieder)

Der Bezug für den Kranz wird in Reihen gehäkelt.
Ich lasse es an dieser Stelle offen, wie viele Reihen du benötigst und rate dazu, regelmäßig den Bezug über den Kranz zu ziehen und selbst abzuschätzen, da jeder von uns unterschiedlich fest oder locker häkelt. Und da der Bezug genau passen soll, müsste es jeder selbst ausprobieren. Aufgrund dessen sollte auch jeder ausprobieren, wie viele Luftmaschen man benötigt.
Ich habe insgesamt 29LM gehäkelt und um den Krank gewickelt. Die Enden sollten sich berühren können, ohne die LM-Kette straff zu ziehen.
Die Reihen werden wie folgt gehäkelt:

5fM, 28Stb, 5fM, und am Ende einer jeden Reihe dann noch 1 W-LM häkeln

Am Ende zum Abmaschen 2LM häkeln und einen langen Faden lassen, mit dem im nächsten Schritt der Bezug um den Styroporkranz herum zusammengenäht wird.

Für die Schlaufe zum Aufhängen häkelst du 41LM und 1 Reihe fM. Am Ende abmaschen, das Band zu einer Schlaufe zusammennähen und von hinten oben in der Mitte des Herzens annähen.

Eine genaue Bild-für-Bild-Anleitung für den Kranz findest du in der ersten Anleitung dieses Buches (Der freche Affen Teelichtkranz).

Beine (2x in weiß)

Rd 1: in einen Fadenring 6fM häkeln, den Ring zuziehen (6M)
Rd 2: in jede Masche 1DM häkeln (12M)
Rd 3: 6x (1fM, 1DM) (18M)
Rd 4 + 5: in jede Masche 1fM häkeln (18M)
Rd 6: 5fM, 4x (2M zus.abgem.), 5fM (14M)
Rd 7: 5fM, 2M zus.abgem., 1fM, 2M zus.abgem., 4fM (12M)
Rd 8: 6fM, 2M zus.abgem., 4fM (11M)
Jetzt werden mit schwarzer Wolle die Krallen gestickt.
Rd 9 – 13: in jede Masche 1fM häkeln (11M)
Das Bein ausstopfen, nach oben hin sollen die Beine flach bleiben, damit sie besser am Körper anliegen.
Rd 14: 1fM, 2x (2M zus.abgem.), 1fM, 2x (2M zus.abgem.), 1fM (7M)

Noch 2fM häkeln, um an der Seite anzukommen, den Beinschlauch zusammenlegen und 3fM zuhäkeln.
2LM zum Schluss, Faden abschneiden und festziehen.

Arme (2x in weiß)

Rd 1: in einen Fadenring 6fM, den Ring zuziehen (6M)
Rd 2: in jede Masche 1DM häkeln (12M)
Rd 3: 3x (3fM, 1DM) (15M)
Rd 4 + 5: in jede Masche 1fM häkeln (15M)
Rd 6: 4fM, 3x (2M zus.abgem.), 5fM (12M)
Rd 7: 4fM, 2x (2M zus.abgem.), 4fM (10M)
Rd 8: 4fM, 2M zus.abgem., 4fM (9M)
Jetzt werden mit schwarzer Wolle die Krallen gestickt.
Rd 9 – 13: in jede Masche 1fM häkeln (9M)
Den Arm ausstopfen, nach oben hin sollen die Arme flach bleiben, damit sie besser am Körper anliegen.
Rd 14: 2M zus.abgem., 1fM, 3x (2M zus.abgem.) (5M)
Noch 2fM häkeln, um an der Seite anzukommen, den Armschlauch zusammenlegen und mit 2fM zuhäkeln.
2LM zum Schluss, Faden abschneiden und festziehen.

Körper (in weiß)

Rd 1: in einen Fadenring 6fM häkeln, den Ring zuziehen (6M)
Rd 2: in jede Masche 1DM häkeln (12M)
Rd 3: 6x (1fM, 1DM) (18M)
Rd 4: 6x (2fM, 1DM) (24M)
Rd 5: 6x (3fM, 1DM) (30M)
In der nächsten Runde werden die Beine drangehäkelt. Die Stelle, von der aus die nächste Runde begonnen wird, ist die Mitte des Rückens. Deshalb unbedingt drauf achten, dass die Füße nach vorne zeigen. Während du die Beine dranhäkelst, bitte unbedingt darauf achten, dass durch beide Lagen gestochen wird – durch das Bein und durch den Körper.
Rd 6: 6fM, mit 3fM das linke Bein dranhäkeln, 12fM, mit 3fM das rechte Bein dranhäkeln, 6fM (30M)
Rd 7 + 8: in jede Masche 1fM häkeln (30M)
Rd 9 + 10: in jede Masche 1fM häkeln (30M)
Rd 11: 6x (3fM, 2M zus.abgem.) (24M)
Rd 12: 3x (6fM, 2M zus.abgem.) (21M)
Rd 13 – 15: in jede Masche 1fM häkeln (21M)
Rd 16: 8fM, 5x (2M zus.abgem.), 3fM (16M)
Rd 17: in jede Masche 1fM häkeln (16M)
Den Rumpf zu 2/3 ausstopfen. Bei den folgenden Abnahmerunden weiter nachstopfen.
In der nun folgenden Runde werden die Arme drangehäkelt. Hier wieder darauf achten, dass die Hände nach vorne zeigen.

Rd 18: 7fM, mit 2fM den linken Arm dranhäkeln, 5fM, mit 2fM den rechten Arm dranhäkeln (16M)
Rd 19: in jede Masche 1fM häkeln (16M)
Rd 20: 4x (2fM, 2M zus.abgem.) (12M)
Rd 21: in jede Masche 1fM häkeln (12M)
Den Halsbereich nochmals fest ausstopfen, damit der später angenähte Kopf gut in seiner Position bleibt.
Rd 22: 6x (2M zus.abgem.) (6M)
2LM zum Schluss, ca. 30 cm Garn dran lassen (er wird später zum annähen des Kopfes benötigt), Faden abschneiden und festziehen.

Kopf (weiß)

Rd 1: 6fM in einen Fadenring häkeln und zuziehen (6M)
Rd 2: alle M verdoppeln (12M)
Rd 3: 4x(2fM, 1DM) (16M)
Rd 4+5: 16fM (16M)
Rd 6: 4fM, 8KM, 4fM (16M)
Rd 7: 5fM, 8DM, 3fM (24M)
Rd 8: 8fM, 2DM, 7fM, 2DM, 5fM (28M)
Rd 9+10: 28fM (28M)
Rd 11: 11fM, 1DM, 9fM, 1DM, 6fM (30M)
Rd 12+-14: 30fM (30M)
Rd 15: 6x (3fM, 2M zus.abgem.) (24M)
Rd 16: 24fM (24M)
Nun die Augen feststecken (bei Steckaugen zwischen der 7. Und 8. Runde mit etwa 5M Abstand).
Rd 17: 6x (2fM, 2M zus.abgem.) (18M)
Den Kopf nun zu 2/3 mit Watte ausstopfen.
Die weiteren Runden immer *2fM, 2M zus.abgem.* über die Runden hinweg häkeln, bis 8M übrig bleiben. Dann abmaschen und die Öffnung zunähen. Während der Abnahmen den Kopf nochmals ausstopfen, bis er die gewünschte Festigkeit erreicht hat.

Ohren (2x; schwarz)

Rd 1: in einen Fadenring 6fM häkeln, den Ring zuziehen (6M)
Rd 2: in jede Masche 1DM häkeln (12M)
Rd 3: 6x (1fM, 1DM) (18M)
Rd 4: 6x (2fM, 1DM) (24M)
Rd 5-8: 24fM (24M)
Rd 9: 6x (2M zus.abgem., 2fM) (18M)
Rd 10: 18fM (18M)
Rd 11: 6x (2M zus.abgem., 1fM) (12M)
Rd 12: 12fM (12M)
Rd 13: 6x 2M zus.abgem. (6M)

Rd 14: 6fM (6M)
1KM, Öffnung zunähen und am Kopf annähen.

Schwanz (weiß)

Rd 1: 8fM in einen Fadenring häkeln und zuziehen (8M)
Rd 2-9: 8fM (8M)
Nicht mit Watte füllen, damit der Schwanz biegsam bleibt, mit 4fM zusammenhäkeln und am Körper annähen.

Nase (schwarz)

Rd 1: 6fM in einen Fadenring häkeln und zuziehen (6M)
Rd 2: 3x (1fM, 1DM) (9M)
Rd 3: 9fM (9M)
1KM, abmaschen, leicht mit Watte füllen und vorne an die Schnauze annähen.

Blüten für den Kranz (3x jeansblau, 4x rosa)

In gelb beginnend

4LM häkeln und mit 1KM zur Runde schließen.

Rd 1: 1LM, 9fM in den Ring häkeln, Farbwechsel in jeansblau bzw. rosa und mit dieser Farbe 1KM in die LM häkeln (10M)
Rd 2: 5x (4LM, 2DStb in 1M, 4LM, 1fM), enden mit 1KM, abmaschen

Blätter (4x; jadegrün)

Du beginnst damit, indem du zunächst 11LM häkelst.
Bei diesem Schritt wird auf der Ober- und Unterseite der LM-Kette gearbeitet.

Daraufhin häkelst du wie folgt:
3fM, 2hStb, 2Stb, 2DStb, 10DStb in 1M, auf die Unterseite drehen und dort weiterarbeiten:
2DStb, 2Stb, 2hStb, 3fM, abmaschen

Herz (rot)

Begonnen wird mit den oberen Rundungen des Herzens, welche einzeln nacheinander gehäkelt werden.
Rd 1: 6fM in einen Fadenring häkeln und zuziehen (6M)
Rd 2: alle M verdoppeln (12M)
Rd 3: 6x (1fM, 1DM) (18M)
Rd 4: 6x (2fM, 1DM) (24M)

Rd 5-7: 24fM (24M)
1KM, abmaschen und zur Seite legen.

Rd 1-7 wdh, jedoch nicht abmaschen, und dann beide Teile in folgender Rd auf beiden Seiten verbinden, indem einfach am stillgelegten Teil mit fM weitergehäkelt wird (Rundenzählung beginnt hier neu):

Herzkörper und Herzspitze:

Rd 1: 48fM (48M)
Rd 2: 6x (2M zus.abgem., 6fM) (42M)
Rd 3: 42fM (42M)
Rd 4: 6x (2M zus.abgem., 5fM) (36M)
Rd 5: 36fM (36M)
Rd 6: 6x (2M zus.abgem., 4fM) (30M)
Rd 7: 30fM (30M)
Rd 8: 6x (2M zus.abgem., 3fM) (24M)
Rd 9: 24fM (24M)
Rd 10: 6x (2M zus.abgem., 2fM) (18M)
Rd 11: 18fM (18M)
Das Herz nun mit Watte füllen und in den kommenden Runden nachstopfen.
Rd 12: 6x (2M zus.abgem., 1fM) (12M)
Rd 13: 12fM (12M)
Rd 14: 6x 2M zus.abgem. (6M)
Rd 15: 6fM (6M)
1KM, abmaschen, Öffnung zunähen

Alle Teile wie auf den Fotos zu sehen sind entsprechend mit Wollfäden an den Kranz nähen.

Weitere Bücher

Folgende Handarbeitsbücher von mir sind bereits über den Buchhandel (auch online, auch als E-Book) erhältlich:

 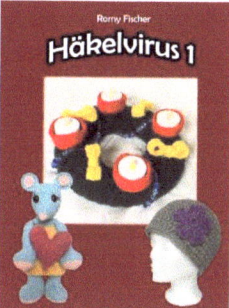  

Ebenso habe ich folgende Einzelanleitungen als E-Book veröffentlicht:

   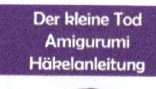
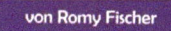 

Über mich

Ja, das bin dann wohl ich...

Zunächst möchte ich mich ganz herzlich bedanken, dafür dass du Interesse an meinen Modellen hast und dir die Zeit nimmst, sie nachzuarbeiten. Das ist für mich wirklich eine sehr große Ehre. Und ich hoffe, du hast deine Freude mit dem Ausarbeiten der Modelle und auch mit den Modellen selbst.

Was gibt es sonst über mich zu sagen...?
Ich bin im Jahr 1981 in Hannover geboren und war schon ein recht kreatives Kind, habe gerne gemalt, gebastelt, aber auch schon in sehr jungen Jahren mit meiner Großmutter zusammen Handarbeiten gemacht. Zunächst hat sie mir das Stricken beigebracht, das Häkeln habe ich mir später selbst beigebracht. Das Thema Handarbeiten begleitet mich also schon mein ganzes Leben. Später habe ich mein Fachabitur in Sozialwesen gemacht, was ich zunächst dann auch studiert habe. Eine zusätzliche Ausbildung zur Psychologischen Beraterin folgte.

Seit einigen Jahren arbeite ich als Autorin und Schriftstellerin. Folgende Bücher habe ich bereits veröffentlicht:

- Das Horrorskop
- Das Leiden einer jungen Ebay-Verkäuferin
- Panikattacke Deluxe. Angst & Panik? Einfach drüber lachen
- Die Anti-Psychiaterin (Hörbuch)
- Meine Mutter, ihre Persönlichkeitsstörung und ich (Hörbuch)

Privat bin ich in einer verrückten Hippie-Kommune untergekommen. Das bedeutet, ich werde freundlicherweise von 2 Katern geduldet, sofern ich die Miete zahle, die Dosen öffne und auch sonst alle Aufgaben im Haushalt übernehme.